단 한 번을 위한 변명

박봉준 시집

상상인 시인선 012

단 한 번을 위한 변명

* 저자의 의도에 따라 작품의 보조 동사와 합성 명사는 띄어쓰기가 달라질 수 있습니다.

* 본문 페이지에서 한 연이 첫 번째 행에서 시작될 때에는 〈 표기를 합니다.

시인의 말

내 방식대로 글을 쓴다는 것이

얼마나 편협된 것일까

시를 쓸 때마다 흔들리지 않은 적이 없다

언제쯤 이 무게를 이겨낼 수 있을까

■ 차례

1부

갇힌 말들이 폭포처럼	19
바람을 흔드는 것들	20
체벌은 기도처럼	21
어쩌나	22
오징어를 켜는 밤	24
내 편	25
바다를 부르면 기억이 온다	26
만약에 말입니다	28
호랑굴 가는 길	30
오월보다 먼저 오는 새	31
1센티의 영혼	32
슈퍼문	33
사피엔스의 마스크	34

2부

아버지의 백과사전 39

그 불가사리들 40

단 한 번을 위한 변명 42

다 오는 것은 아니다 43

비닐봉지 안의 봄 44

벚꽃장날 45

피고 지고 46

그까짓 거, 참 47

갈대로 사는 법 48

곰치국 49

시인 안 할래요 50

홍게 51

사랑니 52

3부

구두를 버린 새	57
가라지의 고해	58
어머, 몰랐어	60
애기미 바다	61
6구 쌍다리	62
봄의 조등	63
아야진 2	64
아야진 3	65
여우와 악어가 설마	66
한 줌의 바다를 내밀면	68
만찬	70
동지	71
광장 2019	72
청간정	74
카페 스테이지R 그리고 바다	75

4부

DMZ	79
거푸집을 키우는 몸들	80
염낭거미의 부활	82
시집 수다	83
확 터트려봐	84
AI 판사	85
눈	86
어떤 웃음	87
봄으로 번진 산불	88
양간지풍襄杆之風	89
시의 뼈	90
순간을 지르는 순간	91
삼위일체三位一體	92
참을 수 있을 것 같다	94
해설 _ 탁란托卵과 탁란濁亂의 기억들 　　　- 자기성찰로서의 시와 '삶' 전해수(문학평론가)	97

1부

갇힌 말들이 폭포처럼

책장이 댐 같다

한 권의 책에는 얼마나 많은 생각이 교차되었을까 바람이 전하는 말과 사막을 건너는 낙타의 말 무수한 별들의 대화와 어시장에서 활보하는 비린 말들 정치꾼의 말 그 여자의 말 그 남자의 말

책장에 방류되는 책을 잡으면 책 속에 갇혀 있던 말들이 폭포처럼 쏟아져 내릴 것 같다

가지런히 꽂힌 댐 앞에서 가장 안락한 마음으로 고뇌하는 나는 오늘도 물을 채우려고 밤새도록 수백 미터 지하에 관정을 판다

오늘따라 소용돌이치는 책장
나의 방류를 막아두기 위해 쌓아 둔 댐

바람을 흔드는 것들

깃발과 바람은 한통속이다
우리에 갇혀있던 바람이 대처로 나가며 눈㠀을 수태했다
열대성 저기압이다

양 떼 몰이 개는 보이지 않는데
바람이 스칠 때마다 경중경중 깃발이 펄럭였다

어릴 적 운동회 날이면 청군 아이들은 청색 모자 청색 깃발에 줄을 서고 백군 아이들은 백색 깃발에 줄을 섰다 갈라진 우리의 흑백 깃발처럼

탈색된 무리들이 바람을 흔든다 급하게 날개를 개조하는 것은 꼰대들이 하는 방식 텃새들이 은밀하게 깃털을 변조하는 장면이 몰래카메라에 잡혔다 특종이다

추수꾼들이 가라지를 골라내야 하는 계절이 왔다

바람은 잠잠해도 바람이다
머물 수 없다

체벌은 기도처럼

발목이 시린 영랑호숫가
해거름에 왜가리들 고개 숙이고 있다

무슨 잘못을 했을까

조회 시간에 불려 나갔던
그때도 아이들은
어깨를 떨어뜨리고 고개 숙이고 있었다
찍소리도 못하고
감히 어딜

모든 기도는 체벌처럼
겨울호수로부터 시작되었다

어쩌나

생전에 콜레라에 놀란 적이 있는
저승에 계신 우리 아버지
코로나19는 또 무슨 뚱딴지같은 말이냐고
기겁하실라

세 살배기 손자 초등학교에 들어가 아침마다 마스크 안 쓰면 학교에 가지 않겠다고 엄마 치맛자락 붙들고 징징거리면 어쩌나, 맞선 보고 첫날밤 마스크를 벗은 서로를 못 알아보면 어쩌나, 다시 상투 틀고 갓 쓰고 무슬림 여자들처럼 니캅이나 부르카를 착용해야 하나 어쩌나

세상에서 제일 무서운 것은 호랑이보다 곶감이 무섭고 곶감보다 콜레라가 무서운 줄 알았는데 핵무기보다 무서운 코로나, 코로나19를 물리치고 나면 또, 어쩌나

문밖에 나가지 마라
대문을 잠그고
문설주에 어린양의 피를 바르던 사람들˙

이번 전쟁은

흩어지면 살고 뭉치면 죽는다

* 출애굽기 11장.

오징어를 켜는 밤

축제라는 말의 이면에는
비극의 뜻도 있다

속초 앞바다에 오징어 집어등이 휘황한 밤이면 동명항 난전에는 손님들로 출렁거린다

지난밤 채낚기 어선의 싸이키 조명 아래 불나방처럼 뛰어든 무리 중에는 총알 오징어˚ 족속도 있다

한순간 허망하게 낚인 것이 분이 풀리지 않은 듯 먹물을 뿜고 저항을 하여도 탈출구는 없다

수평선 위에
오징어 집어등이 불을 밝히면
속초 동명항 난전은
축제다

˚ 온전히 자라지 못한 새끼 오징어.

내 편

식구끼리 편 가른다고
어릴 적 어머니한테 그렇게 혼나고도
지금도 그 버릇은 뼛속에 파편처럼 박혀서
기회만 되면 뾰족한 가시를 세웁니다

엎치락뒤치락
새벽에야 끝난 개표방송

우리 편이 졌다고 우울하다는 친구가 꽃은 이미 시들었으니 바람이나 쐬러 가자고 문자를 보냈습니다 우리 편이 졌다고 술을 마시고 밤늦게 귀가한 남편을 두둔하던 그 여자 다행히 거시기는 같은 편인가 봅니다 우리 편이 이겼다고 신이 난 동창도 술 한잔하자고 전화를 했습니다 선거가 끝나고 저마다 하고 싶은 말들이 이 봄날 홀씨처럼 떠다닙니다

가슴속에 내 편 네 편
불씨가 있는 한 불치의 병은 꺼지지 않습니다
일찍이 앞을 내다보시는 어머니께서
부지깽이를 드신 까닭입니다

바다를 부르면 기억이 온다
– 청호동 아바이

한평생 바다를 누비던
속초 청호동 아바이들이 경로당에 모인다

밤새 안녕하신가
물어볼 것도 없이 보는 게 인사다

갈 곳도 없고
낡은 테이프처럼 돌아가는 고향 이야기
들어줄 사람도 없다

피난을 나와 잠깐 머무르다 고향으로 돌아간다던 함경도 아바이들 이때나 저 때나 고향만 바라보고 평생 고향 이야기만 하다가 죽어서야 갈 수 있는 신포 영흥 앵꼬치 짜꼬치 아바이들

시간이 없다
경로당에 걸린 시계 초침 소리가 시한폭탄 같다

한때 산더미처럼 명태를 잡던 아바이들
〈

덕장에 걸린 마른 북어가
바람에 비척거린다

만약에 말입니다

그래도 궁금한 것이 있는데요

어느 날 인류가 씨도 없이 멸종되었다가 다시 출현한다면 그 인류는 지금보다 진화된 인류일까요 아니면 저 네안데르탈인보다 못한 고릴라 같은 유인원일까요

시작은 언제나 알에서 나오거나 애벌레부터 해야 하는가요 지금의 인간보다 탁월하고 스마트한 인류가 '짠'하고 한 번에 나타날 수는 없는 건가요

초록별의 행간을 추적해보면
인류가 몇 번은 멸종되고도 묻혔을 세월인데

내 의심이 합리적이라면 AI의 두뇌로도 판단할 수 없는 표징이나 흔적들에 대하여 불가사의라는 말로 두루뭉술 넘어갈 것이 아니라 한 번쯤 가정을 두고 진지하게 생각해 볼 필요가 있지 않을까요

지구의 빈번한 이상 기후에
솔솔 피어나는 이상한 낌새에 대하여

잡념이 많은 밤

호랑굴 가는 길

학교에서 돌아와 보면
텅 빈 동네는 누렁이들이 차지했다

우리 마을 미역바위가 있던 보이재 앞바다 오리 길 백사장 그 끝에는 전설의 호랑굴이 있다

뻐꾸기 소리도 허기진 늦은 봄 검정 고무신을 벗어 들고 걸어가는 사막 같은 모래벌 선홍색 울음을 토해내는 해당화가 어린 내 발길을 잡았다

무릎 깊이까지 목선木船이 들어오면 소쿠리 지게로 물미역을 나르던 틈바구니에서 아이들은 잽싸게 지스러기 미역을 주워 풀빵 장수나 엿장수에게 달려갔다

수천 필 암갈색 광목을 펼쳐놓은 백사장에서는 누구나 할 것 없이 그때는 몸에서 미역 냄새가 났다

늦은 봄, 물미역을 말리던
아야진 보이재 너머 백사장 그 끝자락에
어릴 적 놀던 호랑굴이 있다

오월보다 먼저 오는 새

뻐꾸기 새끼에게
쉼 없이 먹이를 잡아다 먹이는
붉은머리오목눈이 뱁새를 보고 있자니
울화가 치밀었다

뱁새 새끼를 모두 밀어내 죽이고 염치없이 입을 벌리는 덩치 큰 뻐꾸기 새끼 뱁새는 탄생의 비밀을 아는지 모르는지 해마다 되풀이되는 이 모순을 사람들은 섭리라고 하겠지

어쩌다 제 손으로 혈육을 키우지 못하고 심청이 아비 젖동냥하듯이 이곳저곳 도둑 탁란하여 눈도 채 뜨지 못한 어린 새끼 손에 악의 피를 묻히는

뻐꾸기의 생도 참 기구하다 싶어 그 소리 다시 들어보니 녹음 짙어가는 들녘이 다 평화로운 것만이 아니다

천치 같은 뱁새도
피를 묻힌 뻐꾸기도 함께 살아야 하는
푸른 오월

1센티의 영혼

　신문지를 펴놓고 손톱을 깎는다

　그러고 보니 신문지 넓이는 잘려 나간 손톱이 벗어나서는 안 될 영지領地 철책이 보이지 않는 지면이지만 헤드라인을 장식한 기사들이 곳곳에 매설한 지뢰 같다

　손톱 깎기를 잠시 멈추고 활자를 들여다본다 영혼이 방출된 좀비들이 비틀거리며 흉흉한 미얀마 거리를 활보하고 있다 마스크를 쓰지 않은 원숭이들이 괴성을 지르며 질주한다

　봉숭아 씨앗이 터지듯 손톱에서 튕겨 나가는 분신들 두 눈을 부릅떠도 울타리를 벗어나는 청개구리들이 꼭 있다

　잘린 영혼을 신문지에 둘둘 말아
　쓰레기통에 버린다

슈퍼문

당신의 문을 두드려요

둥근 얼굴이
보고 싶을 때마다 바다가 잘 보이는
언덕에 올랐지요

 널따란 갯바위에서 당신을 보며 망우리를 돌리거나 소원을 빌던 어릴 적 기억이 나요 요즘도 토끼들이 계수나무 아래서 방아를 찧고 있는지 고요의 바다는 아직도 바람이 없는지 오늘 밤은 당신의 속을 세밀하게 들여다볼 거예요

 당신은 모세처럼 바다도 가르고 해일도 불러오는 무서운 달님이지만 소쩍새 우는 밤이나 별빛이 영롱한 밤에는 너무 외로워 보여요 어떤 때는 당신의 창백한 얼굴이 마음 아팠어요

 뒷모습도 보고 싶어요
다음은 언제일까요

사피엔스의 마스크

콧대를 세우고
안경을 쓰고 콘택트렌즈를 끼어도
몰랐던 사실을
마스크를 써보니
알겠네

입을 가린 여자가 아름다워
콧대를 감춘 여자도 아름다워 입과 코가 지워진 눈이
아름다워

마스크를 쓴 몽타주가 활개를 치는 백주 대낮
이제 음지는 없네

입으로 쏟아낸 독설이 삭지 못하고 궁창에 고였다가
마침내 입으로 다시 들어오는 어리석은 입, 하수구 같은
입, 변종 코로나가 출입하는

입과 코를 막아보니 알겠네

언젠가는

눈 코 귀 입 팔다리를 칭칭 싸맨
미라 사피엔스*의
출현을

* mirra sapiens 신조어.

2부

아버지의 백과사전

동성상회 쌀집
우리 아버지 치부책에 외상값 올릴 때는
외상값뿐만 아니라
손님과 주고받은 말의 핵심도 적습니다

빛바랜 사족의 글귀가 무슨 효과가 있겠는가 싶어도
외상값 시비가 생기면
녹음기 같은 깨알 기록으로
거뜬히 해결하시던
그 노하우

당장 생각날 것 같아도
세월 지나면 오래된 필름의 스크래치처럼
흠집이 나는 기억들

생전의 아버지보다 세 살은 더 많은 내가
이제야 그 한 수를 배웁니다

그 불가사리들

해안 초병의 눈을 피해
겨울바다는 밤이면 뭍으로 올라왔다
파도에 젖은 내 몸에서는 간수가 피고
날개가 돋았다

달빛이 파도에 부서지는 밤이면 내 또래 일등병의 편지를 읽어주던 아야진 바다 나는 겨드랑이가 근질거릴 때마다˚ 새털 같은 날개를 달고 바다의 출구를 찾아 멀리 수평선까지 갔다가 되돌아오기도 하고 신열에 달뜨다 며칠씩 앓기도 했다

어느 날 파도는
바다에 빠진 목선 한 척을 인양했다
갈매기가 된 선원들은 이미 대섬竹島으로 날아가고
정치망에 걸린 불가사리들은
각혈을 했다

아픈 다리를 끌며
바다는 밤마다 기를 쓰고 뭍으로 올라왔다
스무 살 골방에서는

겨우내 해초 냄새가 났다

* 이상의 「날개」 인용.

단 한 번을 위한 변명

산목숨을 쥐고 글을 쓰는 것이 시인이 할 짓인지

닭 똥구녁을 쳐다보고 산 지 수십 년
명색이 시인이라는 자가
닭에 대한 글 한 편 없다는 것이 말이 되냐고 물으면
나는 무슨 변명을 하고 싶을까

아우슈비츠 수용소에 가둬놓고 깃털 뽑을 날만을 기다리는 홀로코스트 영혼까지 사육당하는 짧은 생을 위해 나는 단 한 번이라도 고개 숙인 적이 있는지

철마다 오는 조류독감에 수백만 목숨을 순장하여 죽음을 죽음으로 막겠다는 호모 사피엔스 게놈에 오류가 발견되었다는 비밀문서가 아직도 해제되지 못하고

기름 가마솥에 던져지는 순간 부화실에서부터 따라붙었던 짧은 이력은 증발하고 윤기 흐르는 통닭 한 마리로 환생하는 병아리들 그들은 처음부터 계획된 먹거리였다

누구를 위한, 수십 년 침묵의 변명이 될지

다 오는 것은 아니다

산불 감시하는 친구가
두 눈 부릅뜨고 이 산 저 산 살피다가
그늘진 묵정밭에 냉이가 지천인 걸 발견하고

아메리카 대륙을 발견한 콜럼버스인 양 들뜬 목소리로 자기가 잘 지키고 있을 테니 나중에 월선 씨와 냉이를 캐러 오라고 전화를 때린 지 하루도 지나지 않아 풀이 죽은 목소리로 다시 전화했다

오로지 근동 할머니들만 사주 경계했는데 아뿔싸 생각지도 못한 포클레인이 들이닥쳐 묵정밭을 한순간 다 갈아엎었다고

불행은 예고 없이 온다는 말이
산모퉁이에 죽치고 있는 찔레나무 가시 같다

봄이라고 다 그냥 오는 것이 아니다

비닐봉지 안의 봄

묵정밭에 냉이가 가득하다고 했다

아내를 꼬드겨
임도 보고 뽕도 딸 겸 콧바람을 쐬며
단숨에 달렸다

 벚꽃 터널을 지나고 개나리 울타리를 지나 그때까지도 청아한 슬픔을 간직한 목련이 소복 차림으로 서 있는 산모퉁이를 돌아 냉이밭에 들어섰다 친구가 근동 사람들도 찾지 못한다는 보물단지 같은 냉이밭에서 밀레의 이삭 줍는 여자들처럼 허리를 굽혔다

냉이는 보이지 않고
찔레꽃도 피지 않은 이른 봄

비닐봉지 안에서
산비둘기 소리가 아득하게 들렸다

벚꽃장날

4월 벚꽃장날
마스크 쓴 사람들 가득하다

뻥튀기 아저씨
뻥튀기 기계를 가열하자 터질 듯 터질 듯 부풀어 오르는
선홍빛 유두

花 花 花
빗장을 푸는 벚나무들

뻥이오!

터지지 못한 마스크가 4월에 묶여있다

피고 지고

전신마취를 하고 깨어보니
죽는 건 순식간이라는 말, 허언이 아니었네

채 꿈도 꾸지 못한 순간이
수술실 밖에서는 어느 한 생의 가장 긴 강으로 흘러

수없이 솟구치고 잠겼다가 솟구치고 다시 일렁이는 격랑의 물줄기에 미움이 윤슬로 빛나는 시간

양지바른 봄날
목련이 피고 지듯

남은 생 그렇게 강을 건너자고

눈빛만 보아도 펑펑 울음 터질 것 같더라고

그까짓 거, 참

한날한시에 죽지 못한다면
남은 사람들을 위해서 남자가 먼저 가야 한다는
아내의 논리가 섭섭하기는 해도
틀린 말은 아니다

그런 아내가 딸네 집에 가서 며칠째 오지 않고 잘 살고 있느냐고 전화했기에 아주 잘 살고 있다고 무심코 대답했더니 그럼 어디 한번 잘 살아 보라고 한다

그까짓 거 전화 한 통화 때리면 배달의 민족 달려오고 핸드폰만 있으면 온종일 깨가 쏟아지는 세상

그까짓 거 홀아비 친구들도 혼자서 사는데 왜 못 살겠느냐마는 생각해 보니 내가 한 번쯤 그 친구들이 꾹꾹 눈물을 가둬놓은 호수의 바닥을 자세히 들여다본 적이 없다

며칠 딸네 집에 간 아내를 기다리는
아지랑이 같은 봄날 허허

갈대로 사는 법

호숫가의 바람이 어디서 오는지
갈대를 보면 안다

뒤돌아서서
바람을 귓등으로 흘려보내는 갈대는 고개만 끄덕일 뿐
결코 맞서지 않는다

약자의 생존 방식을 누가 함부로 말하는가

먼저 나서지 말거라
아버지는 나에게 유언처럼 말씀하셨다

백발이 빛나는 갈대를 보면
이십 리 장에 가셨다가 해거름에 오시는 아버지 같다

그렇게 사셔도
기껏 예순다섯 해밖에 못 사셨다

곰치국

그물에 곰치가 걸리면
아재는 재수 없다며 발길질부터 했다

쥐치야 쥐새끼처럼 생겼으니 그렇다 쳐도
우악스럽게 생기긴 했어도
곰치가 무슨 죄라고

꽁치 쥐치 도치 곰치 장치 준치
차례상에도 못 올라가는
치자 돌림 생선들

  화투방에 모여서 곰치국을 먹다가도 트로트 가수 임영웅 얘기에 열을 올리는 코로나 시대 노인들 통증으로 묻혔던 무명의 세월이 가시처럼 발라진다

생긴 것 하고는 다르게
저 부드러운 곰치의 살과 뼈

곰치국 한 그릇에
눈 녹듯 녹아버리는 오장육부

시인 안 할래요

초등학교에 갓 들어간 외손자

수업 시간에 오행시를 제출하지 못하고
쉬는 시간에 겨우 완성하여
집으로 가져왔다

나 같으면
그냥 포기하고 왔을 텐데

딸이 글을 보내서 찬찬히 음미해 보니
그래도 곧잘 지었다

어미가 보기에도 좋아서, 외할아버지 닮아 글 잘 쓴다고 했더니
대뜸, 나 시인 안 할래요 하더라고

내가 왜, 하고 물었더니
몰라요, 하며 딸이 웃었다

끙끙거리던 그 모습이 눈에 밟혀서
나도 웃었다

홍게

서울 손님에게
대大게가 아니고 대竹게라고 하니
그럼 붉은 대게는 뭐냐고
물었다

붉은 대게는
그냥 홍게라고 부른다고 했다

크리스마스섬의 홍게는 붉은 대게일까 아닐까 생각하다가 산란하러 바다로 나가는 목숨을 건 장엄한 광경에 게살을 뜯는 내 목이 메었다

수백 미터
해저 바닥에서 평생을 기어 다니는
꽃제비

눈치만 보고 살아서
까만 눈알을 반짝반짝 굴리는
붉은 대게

사랑니

너를 알기 시작할 무렵에
사랑니가 났다

아무짝에도 쓸모없는 천덕꾸러기, 입안 가장 구석진 자리에 죽은 듯 박혀있는, 백골이 되어서도 사랑을 알까

생각해 보니
사랑에 흔들리던 날에는 사랑니도 아팠다

통증이 많았던 사랑니와는 다르게
내 심장의 온도는 미지근했다

병원에 가서 사랑니를 발치하고 일생을 가라지로 살던 은둔자가 퇴거당한 자리에 약솜을 물렸다 내 사랑에도 아픔이 붉게 고였다

다시는 찾아올 것 같지 않은
너의 그림자가 골목을 나선다

사랑니가 없는 바람의 표정은 무심하다

3부

구두를 버린 새

날지 못하는 새들이 있다
날려 보내도 날아갈 수 없는 새들이 있다

빼꼼히 눈과 귀만 열어 둔 채
스스로 날개를 접고 하늘 솟은 아득한 고공의 굴뚝에
둥지를 튼 새

내 어릴 적 굴뚝새는
바람보다 빠른 영혼

광장에서는 농성 소리가 세차게 붉은 깃발을 흔들어대고
비둘기들은 더 이상
오염된 구둣발을 두려워하지 않는다

둥지를 튼 사백 일
굴뚝 아래를 내려다보면 볼수록 미물들이 산다는 생각에

이제는 하느님과 조금은 가까워질 것 같은
하느님과 더 멀어질 것 같은
고공의 굴뚝새

가라지의 고해

나는 하느님이 창조하신
한갓 가라지입니다
바람 불면 바람 가는 대로 씨앗을 뿌려
뿌리내리는 이곳이 내 삶의 터전이니 생각하고
한 해 동안 악착같이 살아가는
한해살이풀입니다
더러는 악마의 손에 잡혀 밀밭에 떨어지면
추수 때 단으로 묶여 불에 태워지는
억울한 풀입니다
예수님이 비유하신 말씀으로
비록 악한 자의 자녀가 된 가라지이지만
그래도 예수님은
밀과 함께 자라도록 추수 때까지 뽑아내지 말라고
일꾼들에게 이르셨습니다˙
밀을 다치지 않기 위한 말씀이지만
쭉정이도 알곡이 될 수 있는 자비와 용서입니다
설령 가라지가 밀이 될 수 없어도
코로나19 같은
온갖 악마가 창궐하는 이 땅에서
언제 유용한 가라지로 변할 수 있다면

하느님이 사랑하시게 될
착한 생명입니다

* 마태복음 13.

어머, 몰랐어

동네 미장원에서
할머니들이 수군거리는데
선거에 나온 아무개가 빨갱이라며
빨갱이를 뽑으면 큰일 나지
암, 나라가 망하지
머리를 말다 듣기 민망스러운
미장원 원장이 아니라고 설명을 해도
귀신 씻나락 까먹는 얘기는
윤사월 해처럼 길어지고
그래서 그런지
그 빨갱이가 보기 좋게 떨어졌는데
나중에 미장원 원장이
친구 사이인 그 빨갱이 부인을 만나
할머니들 얘기를 했더니
어머, 내 남편이 빨갱이가 된 걸
우리는 여태 몰랐어
선거 후에도 기력이 남았는지
한바탕 휘도록 웃었다는
빨갱이 부인

애기미 바다

 거품을 물고 한바탕 길바닥에서 허우적거리던 여자가 벌떡 일어서더니 툭툭 옷을 털고 말없이 떠났다

 민망하거나 당황스러운 기색도 없이 그저 그녀의 일상인 듯 웅성거리던 사람들도 아무 일도 없었던 듯이 흩어지고 그 여자가 누웠던 자리에 철 늦은 봄꽃이 빠르게 피었다

 사나흘 길길이 날뛰며 갯바위에 달려들던 애기미 바다가 오늘 아침은 갓난아이처럼 온순하기 그지없다

 귀를 기울여 보아도 숨소리조차 들리지 않고 눈을 들면 수평선 끝에서부터 펼친 눈부신 윤슬의 중심에서 간질을 앓던 내 어릴 적 그 여자가 청순한 얼굴로 천천히 걸어 나온다

 정갈하게 빗은 머리에 꽃을 꽂고 천연덕스럽게 늘 그렇듯이

6구 쌍다리

미시령 바람이
청초호수로 내려올 때는
쌍다리를 넘어야 한다

다리를 지날 때 산불 조심 깃발을 흔들거나
태극기를 흔들어 통과 신고를 하는데
산에 사는 바람이 얼마나 많은지
바람 잘 날이 없다

쌍다리를 합체하여 지금은 청초교라고 하는데 우리 아내는 어릴 적 청호동 갯배가 끊기면 시오리 먼 길을 돌아 쌍다리 건널 때의 배고프고 다리 아픈 기억만 남아 무슨 원한 맺힌 사람처럼 아직도 그 옛날 이름 6구 다리라고 부른다

속초 청초교에는
바람이 없는 날에도 바람이 분다

바람 관측소다

* 속초시가 동洞제 실시 전 속초리 6구에 있는 다리.

봄의 조등

벚꽃 피면 꽃구경 오라고 하던
동창의 걸걸한 목소리는 아직도 먹통이다

코로나19 출몰 소식에
서둘러 바리케이드로 봄을 차단하였으나
힘에 부친 맹방마을 노인들은
자식 같은 유채꽃을 통째로 땅에 묻어버렸다

길과 길을 막고 하늘을 막고 바닷길을 막은 섬은 더욱 더 외로워질 것이다 전쟁 중에도 멈추지 않던 세상의 기록들이 다시 수정되고 남은 이야기들은 전설로 천년만년 화석으로 남아

악마는 갓난아이처럼 살금살금 기어와
사악한 이빨을 드러내지

참혹한 흑사병에도 다 고해하지 못한 죄

벚나무마다 조등이 걸리고
아픈 봄날이 간다

아야진 2

아침 뱃머리에 나가
삼마이 그물에 걸린 생선을 샀다고
셋째 누나가 전화를 했다
바다에 괴기가 씨가 마르는지
갈수록 잡히질 않아
예전 같으면 그냥 갖다 먹으라고
이웃 사람들에게
선선히 건네주던 잡어들도
귀하신 몸으로 대접받는 세상
가자미 쥐치 도치 장치 삼세기 횟대기 물곰
사실 못생긴 생선이 더 맛있다는 걸
도시 사람들은 잘 몰라도
여기 사람들은 그냥 다 안다
그 싱싱한 맛을 보려고
식전 댓바람부터 걸려온 전화에
투덜거리다가도 부리나케 달려가는
내 고향 아야진
늘 가슴에서 파도 소리가 들리는
생각만 해도 아야 아야
눈물이 나는

아야진 3

  내 어릴 적 아야진 구회 사택 언덕배기에 가면 뒷간에 쭈그려 앉아 두꺼비를 바라보는 겁먹은 일곱 살 술래잡기를 하다가 술래가 된 아이들 꾀꼬리를 찾다가 꾀꼬리가 된 목이 쉰 골목이 있고

  비석치기 딱지치기 사방치기 메뚜기치기 구슬치기 땅따먹기 콧수염이 난 만만한 육손이 형과 동네 아이들이 있고 저녁때면 허기진 아이들을 부르는 엄마들 고함 소리 키만큼 큰 항아리에서 감자 삭는 지독한 냄새가 있고

  아침 댓바람부터 악쓰는 소리와 월선 조업으로 납북된 이웃 사람들 근심거리가 있고 바람 부는 밤 옥시기 서리 하러 간 재열이네 사랑방 무용담이 있고 긴 사선을 그으며 수평선으로 떨어지는 무수한 별똥별 그 별똥별에 새순 같은 소원을 비는 아이들이 있다

여우와 악어가 설마

오늘은
동물보호단체 세미나가 있는 날
여우 목도리를 두르고
밍크코트를 입은 여성들이 오셨습니다
털모자는 안 벗어도 됩니다
토끼털일까요
족제비 털일지도 몰라요
카이만 악어 백은 내려두서도 좋습니다
악어의 눈이 도둑을 지켜줄 거예요
도난을 당하면 악어가 울까요
악어의 참 눈물을 볼 수 있을지도
친칠라 모피코트를 입은 남자들도 오셨습니다
양가죽을 걸친 젊은이
털부츠를 신은 사람들도 보입니다
이해해 주세요
오늘은 추위가 정말 예사롭지 않아요
잠깐만, 방금 문자가 들어왔습니다
오늘 워크숍에 오신 회원들이
착용하신 것은
모두 인조가죽 인조 모피라고 합니다

그러면 그렇지
설마 그럴 리가 있겠어요

한 줌의 바다를 내밀면
– 고성 명태

한때는 지나가는
개도 안 쳐다보는 천민 신세였다

홀연히
모두 어디로 떠나갔을까

돌아오지 않는 탕아를 기다리는
빈 항구에 서면
마른 비린내 풀풀 날리고
명란 창란 서거리 애공장 엿장수 풀빵장수 코다리 노가리 덕장
몸뻬바지 우리 엄마
그놈 맑은 눈망울 속에서 자맥질하는 기억들
삼삼하다

명태를 잡았다고
아침에 동창이 카톡을 보냈다

아바이들 하나둘 북망산으로 다 떠나가는 지금 어느 바다에 숨어 살다가 와락 그리움으로 달려오는지 흔한

것들도 오래도록 보이지 않으면 슬픔으로 다가오는 것인지

   그런 눈을
   나는 서슴없이 눈깔이라고 불렀으니
   미안하다 명태야

만찬

머리부터 발끝까지 다 내어놓는 우리 돼지

돼지고기 돼지머리 족발 갈비 꼬리 불알 껍데기 창자 털

죽어서도 웃고 있는 그대

예수도 우리를 위해 다 내어주셨다

돼지 거룩하다

동지

우리 어머니
속 고쟁이 한 벌 다 지어도
아직 한밤중이다

졸음을 쫓다
전설 속으로 걸어 들어가 등불을 밝히면

십 년 대설도
숨죽이며 창호지에 물들던
그 적막

막잠 자고 난 누에가
한 입씩 어둠을 베어먹고
허물을 벗는

부활 전야

광장 2019

 밀실˚에 갇혀있던 밀서가 된 바람이 광장으로 몰려나오자 진을 치고 있던 기압골은 편서풍으로 물러갔다

 좀비의 피를 섞어 가스를 뿜어내던 페퍼포그가 폐병을 앓고 있다 "절대 안정" 패찰이 걸린 머리맡 링거줄에 각혈한 흔적이 보인다

 광장에서는 모두가 정의로운 용사

 독방에서 탈출한 노인들이 깃발을 흔들어대고 하느님도 나라님도 우스운 광장에 있는 사람들은 모두 정의로운 바람의 배지를 달고 있다

 배지를 단 좀비들이 방언에 취해 비척거린다

 골수에 전이된 화병火病이 너무 깊어

 병든 바람을 다시 호리병에 가두고 차벽車壁을 치는 날 사람들은 밀실 문을 닫아야 할지 바다˚로 가야 할지
 〈

광장에는 종일 바람 귀에 속살거리는 그것들

* 최인훈의 『광장』에서 인용.

청간정

솔바람 맑은 날 청간정에 오르니
두보의 등고登高가 바로 여기구나

팔각 누정에 앉아 만경창파 바라보니 세상 근심 걱정 없다

귀밑머리 하얗게 희어도
신선봉에서 내리는 물은 쉼 없이 흐르고

저 멀리 바다에 떠 있는 대섬竹島은
천년만년 외롭다

카페 스테이지R 그리고 바다

산 다랑논처럼
결대로 밀려오는 파도는
장렬히 산화해도 분열하지 않는다

꺼질 듯 가물가물하다가도 어느새 갈기를 휘날리며 달려오는 백마가 되었다가 백상아리가 되었다가

고쟁이 바람에 기백을 쓰고 달려들다가도 천 길 바닷속 깊이로 가라앉는 속초 청호동 간나들은 평생 바다를 보고 살아 파도를 닮는다

그 비위 다 맞추고 돌부처처럼 앉아 묵언 수행하는 저 새섬은 천계에서 내려온 거룩하신 분이실까

바다는 호주머니에서 파도를 꺼내듯
가끔 한 번씩
제 속을 뒤집는다

4부

DMZ
— 이쪽과 저쪽 어디에서도 피는 꽃

감호 지나 구선봉 너머 봉우재 봉수리
거기 우리 외갓집

화진포 지나 쑥고개 너머 제진리
여기 내 본적지

어느 날 그 이십 리 길 한가운데 금 찌익 긋고 염병 떨더니

아버지 엄니 다 돌아가셔도 아직도 넘을 수 없는
저 기막힌 선

불안한 평화가 초병의 가늠쇠 안에 있다

거푸집을 키우는 몸들

사거리에는 눈이 있고 귀가 있고
멍 때리는 슬픈 노루와 스몸비'가 있다
꽁지 빠진 새들이 있다
새 꽁지를 달려는 새들이 있다

커다란 이름표를 들고
풍선인형처럼
지나가는 사람들에게 구애하는
철새들의 깃털 사이로
비 젖은 바람이 지나갈 때 기름샘은 잠시 휴업이다

빨강 노랑 파랑
사랑은 원색일수록 좋아 유치할수록 약발이 좋다고
호모 사피엔스, 사랑해요
당신의 벌거벗은 몸을 닮을 거예요
믿어보세요

사거리에는 빈 공중에 달린
눈이 있고 귀가 있고
목각인형의 그림자를 따라가는 좀비들이 있다

꽁지 빠진 새들이 있다
봄 풀잎 같은 병아리도 있다

* 길거리에서 스마트폰을 보며 걷는 사람들을 이르는 말.

염낭거미의 부활

  길을 따라나서는 날 밤 죄의 덫에 걸린 바람이 신음소리를 냈다
  협곡을 빠져나와 광야를 지나면 강 건너 하늘에는 늘 시린 별들이 유영했다

  달빛에 기대 음지의 거미줄을 걷어내는 시간 아련한 어미의 얼굴이 실루엣으로 다가왔다 마지막 자장가 소리가 빠르게 여울을 타고 내려갈 때쯤 산 너머 저쪽 산짐승의 울음이 별똥별로 날아갔다

  햇볕이 순한 날 잎을 말아 실바람으로 기둥을 세우고 산실을 지었다 애초에 출구가 없는 집이었다 이윽고 늑골에서 단조 한 음이 튕겨 나가고 염낭의 우주가 영면으로 떨어졌다

  이는 너희를 위하여 내어 줄 내 몸이다* 예수께서 골고다의 돌무덤에서 부활하셨다

  거미 새끼들은 어미 살을 파먹고 어미의 무덤에서 염낭거미가 되었다

  * 가톨릭(성경) 루카 22, 19.

시집 수다

시집을 냈다고
하짓날 초등학교 동창들과
밥 먹으러 갔다

깨알 같은
이야기가 오뉴월 해보다 길다

농담인지 진담인지
오래전 혼자된 친구가 불쑥

너는 시집을 냈는데 나는 언제 시집을 가니

웃다가 울다가
울다가 웃다가

그때까지도 하지감자 같은 해는
산마루를 넘지 못했다

확 터트려봐

치매 예방에 좋다고
심심하게 뽁뽁이를 터트리시던
어머니의 무딘 손에 새살이 돋았다

뽁뽁이를 한번 터트려봐
살며시 눈을 감고

한 남자가 정글로 들어간다 이브가 먹다 버린 열매는 어느새 고목이 되고 허물을 벗은 뱀은 아직도 그 혀를 날름거리고 있다 지그시 눈을 감은 여자의 봉긋한 가슴에 꽃이 핀다

정글을 나온 남자가 모래사장을 달려간다 남자가 여자를 쫓아가더니 파도가 남자와 여자를 꿀꺽 삼켜버린다 갈매기 한 마리가 나뭇잎을 물고 날아간다

뽁뽁이를 한번 터트려봐
살며시 누르면서
톡 톡

AI 판사

옛날 그 시절 낙원 다방에는 재떨이 겸용 오늘의 운세 통이 있었지 심심풀이 오징어 땅콩 대신 동전 하나 넣으면 운세가 종이에 돌돌 말려 나오는

오늘 1호 법정에는 옛날 다방의 운세통처럼 AI 판사님 판결을 내리신다 모든 판결은 1심에서 끝나고 불복은 없다 힘세고 힘없는 피고나 원고나 AI 판사님 얄짤 국물도 없지

머리 좋은 젊은이들 청춘을 바쳐 법전을 암기할 필요도 없고 고시 공부하다 머리가 이상해졌다는 불상사를 막을 수도 있고 엿장수 가위질 소리 들리지 않아 만백성 스트레스 안 받는 고요한 동방의 나라

근엄한 법정에 AI 자판기 한 대 척 들여놓고 이실직고 주문主文을 하면 알파고 판사님, 왓슨 판사님 언감생심 세상 누구도 토 달 수 없는 판결을 내리시지

눈

눈에 뵈는 게 없다고
농담처럼 투정 부리던 그녀가
백내장 수술을 하고 밝은 눈빛을 달고 왔다

커튼을 열 때마다
조금씩 각도가 꺾이던 스펙트럼
삐딱하던 햇빛이 비로소 수정체를 오차 없이 통과하고
안대를 풀었다

밤새도록 SNS 기사를 본 것이 화근
구부러진 활자들이 고통스럽게 핀셋에 뽑혀 나갔다

오염된 시선이 숲을 향할 때마다 새들이 날아올랐다
놀란 깃털이 바람에 날리고
커튼을 닫는
저녁이면 나무들의 뒤통수가 허전해 보였다

뵈는 게 없어 당당했던 그녀가
빛을 연다

어떤 웃음

이십 리 산길을
물어물어 찾아갔더니

글쟁이 하고 무슨 사업을 하겠느냐고
퇴짜를 맞고 돌아오는 길에

시인은 무슨 똥도 안 싸고 사는
희귀 동물인가 싶어

그냥 웃었다

봄으로 번진 산불

서울 수녀님도
충청도 사모님도 전화를 하셨다

미국 딸네 집에 간 누나가
영상 통화를 했다

소식이 궁금하던
동창생들이 봇물 터지듯 전화를 했다

고성 산불에 속절없이 스러지던 벚꽃이
짧은 봄날

참, 멀리도 날아갔다

양간지풍 襄杆之風*

속초 청대산 아래 과수원집 아들 범석이 학교에서 돌아오는데 이웃집 꼬마 계집애가 오빠, 오빠네 집 날아갔다고 숨넘어가는 소리를 하길래 무슨 귀신 씻나락 까먹는 소린가 하고 달려가 보니 자기네 집 지붕이 비행접시처럼 과수원 한가운데로 휙, 날아가 앉았더라고

그 사십 년 전
바람 부는 봄날이면
춘천 하숙집에서 전설처럼 떠들던 이야기가
엊그제 같은데

늙으면 시골 산자락에 집 짓고 살자고 자나 깨나 노래하던 우리 아내 봄이면 미시령 골짜기에서 호시탐탐 광풍의 등을 타고 내려오는 도깨비불을 보고 얼마나 기겁을 했는지 요즘은 통 그 얘기를 꺼내질 않네

* 봄철 동해안의 양양과 간성 지방에 나타나는 남서풍의 지방풍.

시의 뼈

시에
뼈가 생길 때면 영랑호에 간다
윤슬의 평원을 헤치고 갯바람이 다가오면
살찐 관절들의 신음소리가
비릿하다

호반을 돌며
혹시라도 물속의 집*이 보이면
그들 가족의 웃음소리가 들리지 않을까
귀를 세워도 보고

 양간지풍 산불도 덤비지 못한 벚나무 길, 붙박이로 서 있는 왜가리들, 비보이 물고기들과 색소폰 소리, 내 어머니 자궁 같은 호수에

설악이 내려와
울산바위가 잠길 때면
내 시에는 다시 모래톱이 생기고
내 귀는 순해지고

* 이상국의 시 「물속의 집」 인용.

순간을 지르는 순간

벼랑 끝에 서 본 사람은
추락하는 새의 날갯짓이 더 매혹적인 순간을 안다

난간 끝에 서 있는 모녀의 두려움은 이미 허공으로 날리고 죽음을 앞세우고 저토록 진지한 생을 그려내는 모습이 나는 부끄럽다

서천의 붉은 구름이 그녀에게 속삭였지 생은 지나가는 바람이야 죽음은 가장 쉬운 방정식

번지점프대 위에 선 피에로 불신의 고리가 길어질수록 우리를 웃게 하지

벼랑 끝에 몰린 사람들
난간 끝에 서 있는 사람들
정말 마지막 끝에 서 있는 사람들은
두려움이 없다

삼위일체 三位一體

"지극히 거룩하신 삼위일체 대축일" 미사 강론하는 신부님

신부님의 은사 중에 아주 무서운 선생님이 있었다 하루는 그 선생님 삼위일체 비유를 드는데

경포대에는 달이 셋이 있다
첫째는 하늘의 달
둘째는 호수에 떠 있는 달
셋째는 술잔에 담긴 달이라고

그러다 문득 예비 사제로 소문난 자신을 지목하여 맞는지 틀리는지 물어보기에 순간 무서움을 떠올린 신부님 눈 딱 감고 "맞습니다" 하고 대답하였다는데

그때 자신의 대답이 두고두고 후회스럽다고, 선생님 말씀에 그 경포대 달은 하나만 진짜고 나머지는 가짜이므로 틀렸다고 대답하지 못한 것이 지금도 용기 없음을 고백하는데
〈

그래도 그 은사님이 고맙다고
삼위일체 강론으로
지금도 잘 써먹고 있으니 이 얼마나 고마운 일이냐고
능청 떠는

참을 수 있을 것 같다

죽음이란 혼자서 외로움을 삭이는 것
차단된 적막이 너무 깊어
숨이 막혔다

태초에 말씀이 사람이 되셨다고 하였으니 말씀을 잃은 그날 우리 아버지 다시 태초로 돌아가셨다

풍채 좋은 육신은 허물어지고 빛나던 백발도 모두 사라진 사십 년

삭을 대로 삭아 흙이 될 뼈일지라도 언젠가 한 번은 무덤 속 어둠이 걷히고 이승에 남은 사람들과 조우할 수 있다면 천년만년 기다릴 수 있을 것 같다

그 기다림으로
나도 외로움을 참을 수 있을 것 같다

■ 해 설

탁란托卵과 탁란濁亂의 기억들
- 자기성찰로서의 시와 '삶'

전해수(문학평론가)

 2004년에 등단한 박봉준 시인은 14년 만인 2018년에 첫 시집 『입술에 먼저 붙는 밤』을 상재했다. 등단 후 첫 시집을 발간하기까지 14년이란 세월이 흐른 것이니 그 삶의 내력來歷이나 시를 향한 마음의 깊이가 충분히 짐작된다. 무릇 가장家長의 책무와 시인으로서의 발걸음은 동행하기에는 만만치 않은 어려움이 있는 일이다.
 첫 시집에 비해 빨라진 행보지만, 두 번째 시집도 4년 만이다. 치열한 삶의 터전에서 '삶과 시'의 의미를 거듭 성찰하고 있는 그의 시는 저만치 비껴간 세월의 뒤안길과 탁란濁亂의 시대를 묵묵히 걸어온 시인의 시심詩心을 되짚어 보게 한다. 두 번째 시집 『단 한 번을 위한 변명』은 그런 의미에서 그간의 삶의 방식이 박봉준의 시세계에 안착한 시집으로 여겨진다. 표제작인 「단 한 번을 위한 변명」에서도 드러나는 바, 그에게 시는 "산목숨을 쥐고 글을 쓰"는 일, "부화실"에서 "기름 가마솥"에 던져지는 닭의 짧은 생을 "수십 년 침묵"으로 이어온 일들을 비로소 '고백'하는 순간을 마주하는 일이기도 하다. 또한 고향 '아야진'에 관한 시편들과 속초 청호동의 아바이들 그리고 바다, 새, 바람으로 돌올한 이미지를 끌어낸 유년의 기억들을 표출한 시편들이 현재의 삶과 탁란濁亂의 기억들을 소환하고 있어서 박봉준 시의 근원根源을 더듬어 가 볼 수 있다. 이번 시집은 이처럼 시인이 치열하게 살아온 삶의 기록과 여정을 엿볼 수 있으며 아울러 시인의 시선을 머물게 한 실향 즉 탁란托卵과 탁란濁亂의 기억들이 자기성찰적 시 쓰기에 스며든 성찰의 시집이자 삶의 족적足跡을 아로새긴 시집이라 할 수 있다.

산목숨을 쥐고 글을 쓰는 것이 시인이 할 짓인지

닭 똥구녁을 쳐다보고 산 지 수십 년
명색이 시인이라는 자가
닭에 대한 글 한 편 없다는 것이 말이 되냐고 물으면
나는 무슨 변명을 하고 싶을까
〈

아우슈비츠 수용소에 가둬놓고 깃털 뽑을 날만을 기다리는 홀로코스트 영혼까지 사육당하는 짧은 생을 위해 나는 단 한 번이라도 고개 숙인 적이 있는지

　　철마다 오는 조류독감에 수백만 목숨을 순장하여 죽음을 죽음으로 막겠다는 호모 사피엔스 게놈에 오류가 발견되었다는 비밀문서가 아직도 해제되지 못하고

　　기름 가마솥에 던져지는 순간 부화실에서부터 따라붙었던 짧은 이력은 증발하고 윤기 흐르는 통닭 한 마리로 환생하는 병아리들 그들은 처음부터 계획된 먹거리였다

　　누구를 위한, 수십 년 침묵의 변명이 될지
　　　　　　　　　　　－「단 한 번을 위한 변명」 전문

　박봉준 시인에게 밀착되어 있는 생활사가 잘 드러난 위 시는 시인으로서 혹은 시인이기 이전에 생활인으로서 살아온 삶의 터전을 밝힌 시이다. 시인은 이를 통해 단 한 번의 "변명"을 하는 것이라 했지만 실은 궁여지책으로 살아온 직업인으로서의 일이(온전히 시에 매진할 수 없는)먹거리를 사육하는 일이었음을 고백하고 있다. 그것은 마치 "아우슈비츠 수용소"의 "홀로코스트 영혼"을 바라봐야 하

는 핍진한 삶의 지난한 여정이 시인의 생활을 관통하는 것이어서 일렁이는 마음의 서성거림을 보여준다. 그러나 역설적이게도 "단 한번" 삶의 구역인 자신의 생활사生活史가 시가 된 '순간'을 대면한 것이니, 위의 시 「단 한 번의 변명」은 실상은 "변명"이 아니라 자기성찰의 시쓰기라는 아름다운 시의 과정을 드러낸다.

박봉준 시인은 "명색이 시인이라는 자가" "홀로코스트 영혼"을 생계를 위해 늘 마주해야 하는 처연함에서 죄의식마저 느끼고 있다. 그러나 "철마다 오는 조류독감"은 "수백만 목숨"이 결코 그들의 목숨으로 끝나지 않고 가족 생계의 문턱에서 절실한 기원祈願이 된다는 사실과, "기름 가마솥에 던져지는" 닭들의 "짧은 이력"이 "처음부터 계획된 먹거리"의 운명이라는 "변명"을 마주하며, 애달픈 심사가 교차하면서 "변명"에 기댄 '양심 고백서告白書'를 제출하게 한 것이다. 그렇다. 문득 "아우슈비츠 수용소"에 갇힌 "홀로코스트 영혼"이 닭의 운명으로 묘사된 대목에서 저릿한 경련이 인다. "죽음을 죽음으로 막겠다는 호모 사피엔스"의 욕망에서 "통닭 한 마리로 환생하는 병아리"의 의도된 운명이 진정 "변명(거리)"가 될 수 있냐는 시인의 자의식에 한 번 더 숨을 멈추게 된다. 인간이 당면한 이 자기고백적 반성은 삶과 시 사이에서 괴리감을 느끼는 시인의 현실에 다름 아니다. 위 시에는 특히 "아우슈비츠 수용소", "홀로코스트 영혼" 등의 사적史的 비유처럼, 갇혀서 사육당하는 목숨(닭의 일생)을 바라보는 시인의 생명인식과 연민의 감정이 시인의 책무와도 연관되고 있어서 주목된다.

    한평생 바다를 누비던
    속초 청호동 아바이들이 경로당에 모인다

    밤새 안녕하신가
    물어볼 것도 없이 보는 게 인사다

    갈 곳도 없고
    낡은 테이프처럼 돌아가는 고향 이야기
    들어줄 사람도 없다

    피난을 나와 잠깐 머무르다 고향으로 돌아간다던 함경도 아바이들 이때나 저 때나 고향만 바라보고 평생 고향 이야기만 하다가 죽어서야 갈 수 있는 신포 영흥 앵꼬치 짜꼬치 아바이들

    시간이 없다
    경로당에 걸린 시계 초침 소리가 시한폭탄 같다
    〈

한때 산더미처럼 명태를 잡던 아바이들

덕장에 걸린 마른 북어가
바람에 비척거린다
　　– 「바다를 부르면 기억이 온다 –청호동 아바이」 전문

　속초 청호동은 피난민이 모여 사는 곳이다. "피난을 나와 잠깐 머무르다 고향으로 돌아간다던 함경도 아바이들"이 탁란托卵처럼 다른 둥지에서 자식을 낳고 기르며 "덕장에 걸린 마른 북어"처럼 살아간 곳이 청호동이다. 실향민인 청호동 아바이들은 "이때나 저 때나 고향만 바라보고 평생 고향 이야기만 하다가 죽어서야 갈 수 있는" 곳이 되어버린 그리운 고향을 그리워하고 또 그리워한다. 그들은 "한 평생 바다를 누비"며 산 세월과 이제는 "경로당"에 모여 그들 자신이 "마른 북어"가 된 무심한 세월을 건너며 "초침 소리가 시한폭탄 같다"고 느낀다. 이제 "시간이 없다"는 아바이들의 절박한 감정은 "죽어서야 갈 수 있는 신포 영흥" 고향에 대한 향수와 끝내 가 볼 수 없느냐는 안타까운 탄식의 마음이 배가되고 있다. 더더구나 한스러운 아바이들의 삶을 "들어줄 사람도 없다"는 쓸쓸함이 깊게 내재된 이들의 외로움은 "바다"의 기억과 하나가 된다.

태풍 고니가 지나가더니 성깔을 부리는 파도
뭐라고 속을 뒤집어놓았기에
속고쟁이 내놓고 펄펄 뛰는 폼이 저러다 또 사람 잡아먹지

머리는 귀신같이 산발하고
입에 거품 물고 달려드는 꼭 미친년 행세지

내 어릴 적에도
저, 화풀이에 동네 줄초상이 난 기억이 있어
갯바위에서 통곡하던 개똥이 엄마
백사장에 퍼질러 앉아 몇 날을 실시하던 때 과부라는 말을
그때는 몰랐지

저러다가도 양같이 순해지는 그런 날이면
해초 냄새나는 머릿결이며 속살 드러내놓고 헤헤거리는

누가 청호동 간나 아니랄까 봐
　－「청호동 간나」 전문(시집 『입술에 먼저 붙는 말』에서)

그런데 속초 청호동에 대한 이미지는 첫 시집에도 각인

되어 나타난다. 첫 시집에 수록된 「청호동 간나」는 앞서 인용한 「바다를 부르면 기억이 온다-청호동 아바이」와 대치되는 시로 읽힌다. 피난으로 떠밀려와 바다에서 생계를 꾸린 아비들처럼 "청호동 간나"는 바다에서 아바이들을 잃고 "떼 과부"가 된 어미들의 이야기이다. 속초 청호동은 박봉준 시인에겐 피난민의 삶이 짙은 이미지로 남다른 장소이며, 삶과 시가 오래 머문 공간에 다름 아니다. 청호동은 피난민이 고향을 잃고 다시 고향을 만든 곳이니, 그에게는 탁란托卵처럼 눈칫밥을 먹거나, 제 둥지를 잃은, 새로운 둥지를 만들어야 하는, 피난민의 한이 서린 장소일 것이다. 박봉준 시인이 "뻐꾸기"와 "뻐꾸기 새끼"에 시선을 둔 것은 일견 그러한 맥락과는 조금은 다른 것이지만, 탁란托卵이 '울화'에서 '연민'의 감정으로 바뀐 것은 우연이 아니다.

 뻐꾸기 새끼에게
 쉼 없이 먹이를 잡아다 먹이는
 붉은머리오목눈이 뱁새를 보고 있자니
 울화가 치밀었다

 뱁새 새끼를 모두 밀어내 죽이고 염치없이 입을 벌리는 덩치 큰 뻐꾸기 새끼 뱁새는 탄생의 비밀을 아는지 모르는지 해마다 되풀이되는 이 모순을 사람들은 섭리라고 하겠지

〈

　어쩌다 제 손으로 혈육을 키우지 못하고 심청이 아비 젖동냥하듯이 이곳저곳 도둑 탁란하여 눈도 채 뜨지 못한 어린 새끼 손에 악의 피를 묻히는

　뻐꾸기의 생도 참 기구하다 싶어 그 소리 다시 들어보니 녹음 짙어가는 들녘이 다 평화로운 것만이 아니다

　천치 같은 뱁새도
　피를 묻힌 뻐꾸기도 함께 살아야 하는
　푸른 오월

　　　　　　　　　－「오월보다 먼저 오는 새」 전문

　탁란託卵은 박봉준 시인에게는 어미 새와 새끼 새의 관계에서 유추된다. 이를테면 가장과 식솔의 관계이다. 뻐꾸기는 특히나 양육의 방식이 남다르다. "뱁새 새끼를 모두 밀어내 죽이고 염치없이 입을 벌리는 덩치 큰 뻐꾸기 새끼"는 남의 둥지에서 뱁새인척 먹이를 받아먹는다. 시인은 이를 "이곳저곳 도둑 탁란하여 눈도 채 뜨지 못한 어린 새끼 손에 악의 피를 묻히는" 어미 뻐꾸기의 행태를 탓하고 있다. 그러나 이런 모습들도 시인은 "참 기구한" 생으로 받아들인다. "천치 같은 뱁새도/ 피를 묻힌 뻐꾸기도 함께 살아

야 하는/ 푸른 오월"은 어찌 보면 "오월보다 먼저" 깨어난 삶의 투쟁이고 삶의 비극성이자 바로 '삶' 그 자체임을 일깨워주는 것이기도 하다.

    깃발과 바람은 한통속이다
    우리에 갇혀있던 바람이 대처로 나가며 눈(眼)을 수태했다
    열대성 저기압이다

    양 떼 몰이 개는 보이지 않는데
    바람이 스칠 때마다 겅중겅중 깃발이 펄럭였다

    어릴 적 운동회 날이면 청군 아이들은 청색 모자 청색 깃발에 줄을 서고 백군 아이들은 백색 깃발에 줄을 섰다 갈라진 우리의 흑백 깃발처럼

    탈색된 무리들이 바람을 흔든다 급하게 날개를 개조하는 것은 꼰대들이 하는 방식 텃새들이 은밀하게 깃털을 변조하는 장면이 몰래카메라에 잡혔다 특종이다

    추수꾼들이 가라지를 골라내야 하는 계절이 왔다

    바람은 잠잠해도 바람이다

머물 수 없다

　　　　　－「바람을 흔드는 것들」 전문

　특히 박봉준 시인에게 '바다'와 '바람'과 '새'는 생의 이면들을 깨닫게 하는 사물이 아닌가 싶다. 닭, 뻐꾸기, 뱁새 그리고 텃새들은 모두 바다와 바람을 헤치며 사는 존재이며, 바람이 대처로 나가 바다와 어울렁 더울렁 한통속이 되거나, 텃새들의 날개 사이로 바람을 일으키는 것은 깃발이 증명하는 흔드는 것들의 생태이다. 위 시는 "바람을 흔드는 것들"이 '바람을 일으키는 생'과 다르지 않고, 바다를 곁에 두고 사는 생명 즉 인간이나 새나 모두 계절에 혹은 자연의 변화에 흔들리는 존재임을 주지하고 있다.

　또한 이 "바람"은 어릴 적 운동회 날에 청군 백군으로 나뉘어 청색 모자 청색 깃발에 줄을 서며 바람을 몰고 둘로 갈라지던 (유년의) 시절도 동반하고 있다. "추수꾼들이 가라지를 골라내야 하는 계절"의 발견에서 생은 무시로 흘러가고, 이 생生은 "바람에 흔들리는 것들"의 풍경과도 어울리며 끝내는 사라진다.

　　동성상회 쌀집
　　우리 아버지 차부책에 외상값 올릴 때는
　　외상값뿐만 아니라

손님과 주고받은 말의 핵심도 적습니다

빛바랜 사족의 글귀가 무슨 효과가 있겠는가 싶어도
외상값 시비가 생기면
녹음기 같은 깨알 기록으로
거뜬히 해결하시던
그 노하우

당장 생각날 것 같아도
세월 지나면 오래된 필름의 스크래치처럼
흠집이 나는 기억들

생전의 아버지보다 세 살은 더 많은 내가
이제야 그 한 수를 배웁니다
─「아버지의 백과사전」 전문

  박봉준 시인의 시적 정서는 고향 아야진에서 움튼 것이지만, 속초 청호동 아비들의 삶과 아버지에게서 물려받은 생활력과 감정의 분출 방식인 언어가 합해져서 생성된 것이다. 백과사전, 그것은 이 모든 삶의 기억이 모여 "노하우"가 된 한 권의 책인 것처럼 일생이 된 시적 정서로서의 아바이를 호명한다. 이른바 위 시에는 쌀집을 운영하는 아버지의 치부책에 외상값뿐만 아니라 손님과 주고받은 말의 핵심도 적혀 있는데, 이 빛바랜 글귀야말로 꼬이고 엉킨 시비들을 풀어주는 해결사란 점에서 시인은 언어의 힘을 이미 깨닫고 있다. 그것은 "백과사전"이라는 부피로 시인에게 닿고 있는 언어의 무게(의미)를 말한다. 그 언어는 시인의 시로 탄생하고 시인의 삶을 시의 삶으로 다시 갱생시키는 시언어로 태어난다.

>감호 지나 구선봉 너머 봉우재 봉수리
>거기 우리 외갓집
>
>화진포 지나 쑥고개 너머 제진리
>여기 내 본적지
>
>어느 날 그 이십 리 길 한가운데 금 찌익 긋고 염병 떨더니
>
>아버지 엄니 다 돌아가셔도 아직도 넘을 수 없는
>저 기막힌 선
>
>불안한 평화가 초병의 가늠쇠 안에 있다
>　　　　　－「DMZ-이쪽과 저쪽 어디에서도 피는 꽃」 전문

그러므로 박봉준 시의 힘은 아버지와 엄니, 청호동 아바이들과 간나들 그리고 DMZ로 갈라져도 이쪽과 저쪽에 피는 꽃의 운명처럼 실향의 기막힌 삶에 뿌리내린 자들의 성찰에 기반하고 있다. 탁란托卵은 본적지를 그리워하지만, 이십 리 길밖에 안 되는 그 길 너머의 삶은 시인의 길을 이렇게 다져놓고 있다. 피란 이후 탁란濁亂의 시대를 대물림하여 사는 청호동 사람들과, 삶의 뒤안길에서 되짚어 본 아버지와 청호동 사람들과 자신의 이야기를 기꺼이 풀면서, 박봉준 시인은 삶과 시가 연대를 이룬 시인이 되고 있다.

  이번 시집 『단 한 번을 위한 변명』은 그 교차로에 진입한 시집이다. 신호음을 울리며, 탁란托卵과 탁란濁亂의 기억들로 피난민 삶의 증인으로 또는 그 후손들을 목도한 관찰자로서, 성실히 살아온 삶의 결缺과 결실結實들을 모두어 가며 시의 세계를 영글고 있으므로 박봉준 시인의 시세계는 앞으로 한층 빛을 발하게 될 것을 믿어 의심치 않는다.

상상인 시인선 012
단 한 번을 위한 변명

초판 1쇄 발행 ㅣ 2022년 2월 25일

지 은 이 ㅣ 박봉준
북마스터 ㅣ 김유석 최지하 이선애 마경덕
뉴크리에이터 ㅣ 이만섭
표지디자인 ㅣ 최혜원

펴 낸 곳 ㅣ 도서출판 상상인
펴 낸 이 ㅣ 진혜진
등록번호 ㅣ 제572-96-00959호
등록일자 ㅣ 2019년 6월 25일
주　　소 ㅣ 06621 서울시 서초구 서초대로74길 29, 904호
전화번호 ㅣ 010-7371-1871
전자우편 ㅣ ssaangin@hanmail.net

ISBN 979-11-91085-48-8 (03810)

값 10,000원

* 이 책은 전부 또는 일부 내용을 재사용하려면 반드시 저작권자와 도서출판
  상상인의 동의를 받아야 합니다.
* 이 책은 교보문고와 연계하여 전자책으로도 발간되었습니다.